BEI GRIN MACHT SICH IHR WISSEN BEZAHLT

AF138354

- Wir veröffentlichen Ihre Hausarbeit, Bachelor- und Masterarbeit

- Ihr eigenes eBook und Buch - weltweit in allen wichtigen Shops

- Verdienen Sie an jedem Verkauf

Jetzt bei www.GRIN.com hochladen und kostenlos publizieren

Aggressives Verhalten in der Ganztagsbetreuung. Präventions- und Interventionsmöglichkeiten im pädagogischen Kontext

Michel Schmidt

Bibliografische Information der Deutschen Nationalbibliothek:

Die Deutsche Nationalbibliothek verzeichnet diese Publikation in der Deutschen Nationalbibliografie; detaillierte bibliografische Daten sind im Internet über http://dnb.d-nb.de abrufbar.

ISBN: 9783346695277
Dieses Buch ist auch als E-Book erhältlich.

Druck und Bindung: Books on Demand GmbH, Norderstedt Germany
Gedruckt auf säurefreiem Papier aus verantwortungsvollen Quellen

Das vorliegende Werk wurde sorgfältig erarbeitet. Dennoch übernehmen Autoren und Verlag für die Richtigkeit von Angaben, Hinweisen, Links und Ratschlägen sowie eventuelle Druckfehler keine Haftung.

Das Buch bei GRIN: https://www.grin.com/document/1256868

Berlin, 16.03.2017

Aggressives Verhalten in der Ganztagsbetreuung. Präventions- und Interventionsmöglichkeiten im pädagogischen Kontext.

Schuljahr 2016/17
Abgabetermin: 17.03.2017

0. Einleitung

0.1 Motivation

Aggressives Verhalten ist allgegenwärtig und lässt sich in den unterschiedlichsten Formen und verschiedensten Lebenssituationen beobachten. Besonders pädagogische Fachkräfte kommen nicht umhin, sich mit aggressivem Verhalten bei Kindern auseinanderzusetzen, denn unter Kindern kommt es häufig zu Konfliktsituationen, sei es um Spielzeug oder aufgrund persönlicher Diskrepanzen. Es lässt sich beobachten, dass aggressive Konfliktsituationen in vielen pädagogischen Einrichtungen, wie in der Schule, der Ganztagsbetreuung, der Kita oder dem Jugendclub sehr viel Raum einnehmen und die Konfliktlösungsfähigkeiten des Fachpersonals immer wieder aufs Neue herausfordern. Konfliktsituationen werden unter Kindern häufig mit aggressivem Verhalten gelöst, es kommt zu lautstarken Auseinandersetzungen, nicht selten zu Beschimpfungen oder auch zu körperlicher Gewalt. Obwohl pädagogische Fachkräfte täglich mit aggressivem Verhalten konfrontiert werden, lässt sich jedoch bei vielen eine Überforderung oder Unsicherheit bei dem Umgang mit solchen Situationen feststellen, insbesondere wenn die Aggression in körperliche Gewalt mündet. Die Überforderung in diesen Situationen zeigt sich besonders darin, dass Pädagogen oft, wenn auch ungewollt, bei den Versuchen zu intervenieren selbst verbal-aggressive Tendenzen aufweisen. Dieses Verhalten seitens der Pädagogen zeigt jedoch keinesfalls den Mangel an Fachkompetenz. Es unterstreicht lediglich die Schwierigkeit dieses Verhaltens und die Tatsache, dass Pädagogen nicht genügend auf solch ein Verhalten vorbereitet werden. Durch das häufige Auftreten hat aggressives Verhalten und vor allem der angemessene Umgang mit diesem einen besonders hohen Stellenwert in der pädagogischen Arbeit, denn nur ein angemessener Umgang mit aggressivem Verhalten seitens der Pädagogen kann zu einem harmonischeren Miteinander in pädagogischen Einrichtungen führen. Aus diesem Grund ist diese Facharbeit dem aggressiven Verhalten in der Ganztagsbetreuung gewidmet und soll Präventions- und Interventionsmöglichkeiten im pädagogischen Kontext aufzeigen.

0.2 Aufbau und Methode

Die Facharbeit stützt sich auf ausgewählte Fachliteratur und soll der grundlegenden Fragestellung auf den Grund gehen, wie pädagogische Fachkräfte in der Ganztagsbetreuung angemessen mit aggressivem Verhalten bei Kindern umgehen können und welche Präventions- und Interventionsmöglichkeiten ihnen diesbezüglich zur Verfügung stehen. Zwar wird in dieser schriftlichen Ausfertigung die weibliche Form miteinbezogen, dennoch wird zur Vereinfachung der Leserlichkeit sich größtenteils auf die männliche Bezeichnung bezogen.

Um der Fragestellung auf den Grund gehen zu können, muss zunächst ein Grundverständnis für Aggression erarbeitet werden. Aus diesem Grund ist diese Facharbeit wie folgt gegliedert. Als Einführung in das Thema, soll eine Auseinandersetzung mit dem Begriff Aggression dienen. Es werden die Begriffe Aggression und Gewalt aufgezeigt. Hierbei soll erläutert werden, an welcher Stelle sich die beiden Begrifflichkeiten ähneln und in welchen Punkten sie sich unterscheiden. Zum weiteren Verständnis dieses Themas, wird auf die Beschreibung von Aggression eingegangen, um die Motivationen und Beweggründe differenzierter betrachten zu können. Anschließend werden verschiedene Formen von Aggression vorgestellt, es werden die für die pädagogische Arbeit wichtigsten Aggressionstheorien erläutert, um ein differenzierteres Verständnis für die Entstehung von aggressivem Verhalten zu bekommen. Im weiteren Verlauf werden Handlungsmöglichkeiten aufgezeigt, welche sich auf die Präventions- und Interventionsmöglichkeiten in der pädagogischen Alltagspraxis beziehen. Zur Verdeutlichung der Verknüpfung bereits vorangegangener Kapitel wird mit Klammersetzung darauf verwiesen. Als Praxisbeispiel zur Veranschaulichung des Themas werden zwei Kinder aus der Ganztagsbetreuung der Muster-Grundschule beschrieben, die ein hohes Aggressionspotenzial aufweisen. Diese beiden Praxisbeispiele ziehen sich dabei durch die gesamte Arbeit und dienen zur Verknüpfung zwischen der theoretischen Ausführung und der Praxis. Im Schlussteil dieser Facharbeit werden alle gewonnenen Erkenntnisse zusammengetragen und mit Blick auf die Fragestellung reflektiert.

0.3 Ziel

Ziel dieser Facharbeit ist es einen angemessenen Umgang mit aggressivem Verhalten bei Kindern in der Ganztagsbetreuung zu erarbeiten. So soll diese schriftliche Anfertigung dazu dienen das Phänomen Aggression besser zu verstehen, um einen professionellen pädagogischen Handlungsrahmen zu entwickeln. Der Schwerpunkt liegt dabei nicht auf komplexen Interventions- und Präventionsprogrammen, sondern auf pädagogischen Handlungskompetenzen, die sich in einen strukturierten Alltag gut integrieren lassen. Entsprechend wird sich diese Facharbeit mit den Leitfragen beschäftigen, was Aggression ist und welche Bedeutung sie für die Kinder hat, welchen Ursprung ein erhöhtes Aggressionspotenzial hat, und welche Präventions- und Interventionsmöglichkeiten pädagogische Fachkräfte haben, Kinder das aggressive Verhalten aufweisen angemessen zu unterstützen und zu begleiten. Diese Auseinandersetzung soll dazu dienen, eine adäquate und professionellere Begegnung mit aggressivem Verhalten in der pädagogischen Praxis zu ermöglichen.

1. Auseinandersetzung mit dem Begriff Aggression und Gewalt

In diesem Kapitel sollen die Begriffe Aggression und Gewalt in ihrer allgemeinen Definition gegenübergestellt werden, um zu ermitteln in welchen Punkten sie sich gleichen und in welchen sie sich unterscheiden. Hierdurch soll ein differenzierteres Verständnis für das Thema Aggression entstehen.

1.1 Definition Aggression

Das Phänomen Aggression lässt sich aufgrund seiner Komplexität und Vielschichtigkeit unterschiedlich definieren. Ein Grund für die vielen unterschiedlichen Definitionen ist die subjektive Wahrnehmung, welche auch von der wissenschaftlichen Ausprägung beeinflusst werden kann. Dies gilt auch für die Abgrenzung von Aggression und Gewalt. Diese Schwierigkeit der Begriffsbestimmung von dem Wort Aggression hielt Nolting mit folgenden Worten fest:

> *„Es gibt keine Instanz, die verbindliche Definitionen verordnen kann und faktisch gibt es kein ganz einheitliches Begriffsverständnis von Aggression oder Gewalt, nicht in der Öffentlichkeit und zum Teil auch nicht in der Wissenschaft."*[1]

Trotz der Erkenntnis, dass es hinsichtlich der Definition von Aggression keine allgemeingültige Aussage gibt, finden sich dennoch viele Übereinstimmungen bei den Versuchen den Begriff zu definieren. Eine davon ist die Definition, dass Aggression ein Verhalten ist, welches versucht jemandem absichtlich psychisch oder physisch zu schaden. So formuliert Klaus Fröhlich-Gildhof passend *„Unter Aggression wird eine zielgerichtete und beabsichtigte körperliche oder verbale Tätigkeit verstanden, die zu einer psychischen oder physischen Verletzung führt."*[2] Somit wird hier trotz der Uneinheitlichkeit des Begriffes Aggression deutlich, dass ihr eine schädigende Absicht unterstellt wird. Bei näherer Betrachtung der begrifflichen Auseinandersetzung mit den Worten Schädigung oder Verletzung, könnte auch eine gewalttätige Ausführung verstanden werden. Somit wird in dem nächsten Kapitel näher erläutert wie Aggression und Gewalt zueinanderstehen.

1.2 Definition Gewalt

Die Problematik, der nichtexistierenden einheitlichen Definition, gilt auch für den Begriff Gewalt. Zur Veranschaulichung wie Gewalt allgemein verstanden werden kann dient eine Definition, welche im Duden zu finden ist.

---

[1] Nolting, Hans-Peter: Psychologie der Aggression, Reinbek bei Hamburg 2015, S. 21
[2] Fröhlich-Gildhof, Klaus: Gewalt begegnen, Stuttgart 2006, S. 15

Diese lautet: *„[gegen jemanden, etwas rücksichtslos angewendete] physische oder psychische Kraft, mit der etwas erreicht wird."*[3] Beim direkten Vergleich der Definitionen von Gewalt und Aggression lassen sich Übereinstimmungen hinsichtlich der Formulierung erkennen. Hier wird deutlich, dass es bei der Definition keine klare Abgrenzung zu den beiden Begriffen gibt. Dennoch gibt es aggressives Verhalten, welches nicht zwangsläufig als gewalttätige Auseinandersetzung interpretiert wird, wie beispielsweise böse Blicke, kurze Wutäußerungen oder Hänseleien. Somit ist Gewalt als eine schwerwiegende Form von Aggression zu verstehen, da sich Überschneidungen bei physischen und verbalen Angriffen wiederfinden.[4] Somit wird angenommen, dass Gewalt ein Teil von Aggression ist, da Gewalt eine engere Begriffsbedeutung hat.[5] Dahingehend wird in den nachfolgenden Kapiteln weiter auf den Begriff Aggression eingegangen, da diese als Auslöser von Gewalt betrachtet werden kann.

1.3 Konstruktive und destruktive Aggression

Um ein besseres Verständnis für Aggression zu bekommen, sollte der Begriff noch differenzierter betrachtet werden. Der Unterschied zwischen einer schädigenden und nicht schädigenden Absicht soll hier verdeutlicht werden. Bei dem Begriff Aggression muss zwischen der konstruktiven und destruktiven Aggression unterschieden werden. Konstruktive Aggressionen werden dabei als eine Art Antrieb verstanden, welche dazu befähigen gewisse Tätigkeiten im Leben anzugehen, selbst wenn diese mit Schwierigkeiten verbunden sind. Sportliche Leistungen zu erzielen, ein neues Musikinstrument zu lernen, seine Träume zu verfolgen oder sogar um jemanden trauern sind ohne eine konstruktive Aggression nicht angemessen zu bewältigen.[6] Denn hierbei geht es um das Überwinden von inneren und äußeren Grenzen, um das wieder aufstehen und weiter machen oder auch das Wagen eines Neuanfangs.[7] Des Weiteren tragen konstruktive Aggressionen dazu bei, Interessen und Bedürfnisse in zwischenmenschliche Beziehungen einzubringen und zu verwirklichen. Hierbei verweist Cierpka darauf, dass dieser Aggressionstyp schon bei Kindern unter sechs Monaten festzustellen ist und damit als Grundlage für unser Explorationsverhalten dient, um uns angemessen mit der Umwelt auseinandersetzen zu können.[8] Konstruktive Aggressionen befähigen Kinder Ich-stark zu werden, indem sie in Konflikten einen klaren Standpunkt vertreten und zu bestimmten Dingen auch 'nein' sagen können.

---

[3] http://www.duden.de Dudenredaktion „Gewalt" auf Duden online (o.J.), (letzter Zugriff 16.03.2017)
[4] Vgl. Nolting, Hans-Peter: Psychologie der Aggression, Reinbek bei Hamburg 2015, S. 26
[5] Vgl. Nolting, Hans-Peter: Psychologie der Aggression, Reinbek bei Hamburg 2015, S. 21
[6] Vgl. Juul, Jesper: Aggression, Frankfurt am Main 2016, S. 107 f
[7] Vgl. Haug-Schnabel, Gabriele: Aggression bei Kindern, Freiburg im Breisgau 2011, S. 33
[8] Vgl. Cierpka, Manfred: Faustlos, Freiburg im Breisgau 2015, S. 88

Gleichsam sind sie dadurch auch in der Lage auf mangelhafte Befriedigung ihrer Bedürfnisse aufmerksam zu machen.[9] In diesem Zusammenhang ist also die Wichtigkeit der Differenzierung noch einmal zu erwähnen, denn im Gegensatz zur konstruktiven Aggression, welche einen wichtigen Bestandteil unseres Lebens ausmacht, ist die destruktive Aggression eher eine feindselige Variante. Sie beruht auf negativen und frustrierenden Lebenserfahrungen und ist vor allem durch ihre Feindseligkeit und ihren Hass geprägt.[10] Die destruktive Aggression äußert sich dabei durch die Anwendung physischer und psychischer Gewalt gegenüber anderen Personen oder das Zerstören und Beschädigen von Ersatzobjekten.[11] Es wird hier also deutlich, dass in Bezug auf die Definition des Begriffes Aggression sich stets auf die destruktive Variante bezogen wird ohne dabei den konstruktiven Anteil miteinzubeziehen (Kapitel 1.1). Dahingehend sollte für Pädagogen die Unterscheidung gemacht werden, da die konstruktive Aggression ein wichtiger Bestandteil für die kindliche Entwicklung ist. Gleichzeitig wird hier aber auch deutlich, dass bei der destruktiven Aggression ein Eingreifen der Pädagogen von großer Wichtigkeit ist, um das Kind selbst und andere Kinder schützen zu können. Entsprechend bezieht sich in der folgenden Arbeit der Begriff Aggression auf die destruktive und nicht auf die konstruktive Variante.

1.4 Beschreibung von Aggression

Wie schon im vorangegangenen Kapitel erwähnt wurde, ist es wichtig als Pädagoge bei destruktiven Aggressionen zu intervenieren. Dementsprechend sollen hier die wichtigsten Motive für dieses Verhalten aufgezeigt werden, welche häufig in der Ganztagsbetreuung zu beobachten sind. Dies soll dazu beitragen ein erweitertes Verständnis für destruktiv aggressives Verhalten zu bekommen, um den Kindern angemessener begegnen zu können.

1.4.1 Instrumentell und emotional motivierte Aggression

Es wird hier in zwei grundlegende Typen unterschieden. Hierbei handelt es sich um die instrumentelle und die emotionale Aggression. Die emotionale Aggression entsteht dabei aus einem negativen Anlass oder durch einen Provokateur. Diese Art von Aggression wird in der Psychologie oft auch als reaktives Verhalten verstanden. Ihre Erkennungsmerkmale sind emotionale Reaktionen, welche durch Beleidigungen, Kränkungen oder Rache geäußert werden. Die instrumentelle Aggression hingegen verfolgt eher das Ziel einen Vorteil aus einer Situation zu erlangen oder etwas Negatives abzuwenden. Diese Art des aggressiven Verhaltens wird als aktive bezeichnet, da es zweckgerichtet ist.

---

[9]Vgl. Haug-Schnabel, Gabriele: Aggression bei Kindern, Freiburg im Breisgau 2011,S. 33 f
[10]Vgl. Cierpka, Manfred: Faustlos, Freiburg im Breisgau 2015, S. 88
[11]Vgl. Juul, Jesper: Aggression, Frankfurt am Main 2016, S.108

Die Erscheinungsformen sind erpressen, bedrohen, unter Druck setzen, etwas abwehren oder etwas mit Gewalt erzwingen.Zwischen diesen beiden Grundtypen kann keine scharfe Grenze gezogen werden. Somit kann es auch zu Mischformen kommen in dem beide Varianten zu erkennen sind. [12]

1.4.1.1 Vergeltungs-Aggression

Bei dieser Form von Aggression entstehen Gefühle, wie Hass und Wut, welche sich impulsiv und unkontrolliert gegenüber einer Person äußern. Die Reaktion ist dabei eine zielgerichtete Antwort auf eine vorangegangene Kränkung oder Provokation. Bei der Ausführung geht es nicht darum etwas zu erlangen oder abzuwenden, sondern die eigenen Emotionen zu regulieren. Somit handelt es sich hierbei um eine emotional motivierte Aggression. Ziel dieser Aggression ist es, durch gezieltes Wehtun des Provokateurs das Selbstwertgefühl oder eine Art von Gerechtigkeit wiederherzustellen.[13]

1.4.1.2 Erlangungs-Aggression

Diese Aggression zielt darauf ab einen Vorteil aus einer Situation zu bekommen. Hierbei kann es um das Erlangen von sozialen Vorteilen oder materiellen Gewinn gehen. Somit ist diese Form von Aggression in erster Linie der instrumentellen Variante zuzuordnen, da sie einen Nutzeffekt mit Zwangscharakter darstellt. Dies Form von Aggression kann aber auch eine emotionale Komponente aufweisen. Dies geschieht in Form von Wutausbrüchen, wenn das Ziel etwas zu Erlangen auf Widerstand stößt. Dennoch bleibt dieses Verhalten zweckgerichtet, da es darum geht den Widerstand zu brechen.[14]

1.4.1.3 Abwehr-Aggression

Hierbei handelt es sich um eine Reaktion gegenüber realen und vermeintlichen Gefahren. Kinder versuchen mit diesem Verhalten ihr seelisches und leibliches Wohl zu schützen. Die dadurch folgende Abwehrhaltung kann somit in aggressives Verhalten münden. Die Abwehr-Aggression dient dabei nicht nur zur Abwendung von physischen Angriffen, um die körperliche Unversehrtheit zu erhalten, sie kann auch dazu dienen die Seelenruhe zu wahren, indem unangenehme Situationen durch aggressives Verhalten unterbrochen oder beendet werden. Die Abwehr-Aggression kann sich somit auch gegen auferlegte Pflichten, Provokationen oder Störungen richten. Das Verhalten ist meist schlagartig und impulsiv, womit es auch seine emotionalen Komponenten wie Ärger oder Angst beinhaltet.

---

[12]Vgl. Nolting, Hans-Peter: Psychologie der Aggression, Reinbek bei Hamburg 2015, S. 40 f
[13]Vgl. Nolting, Hans-Peter: Lernfall Aggression, Reinbek bei Hamburg 2014, S. 127 ff
[14]Vgl. Nolting, Hans-Peter: Lernfall Aggression, Reinbek bei Hamburg 2014, S. 135 f

Dennoch zählt diese Art von Aggression primär zur instrumentellen Variante, da sie dem Abwenden von negativen Ereignissen dient und somit zweckgerichtet ist.[15]

1.5 Beschreibung von Fall A und Fall B

Fall A

A. ist ein Junge aus der neu gegründeten Willkommensklasse in der Muster-Grundschule. Aufgrund seines Alters von sieben Jahren, wurde er im Ganztagsbereich in die Hortgruppe der Klasse 2d eingeteilt. Da er sich erst seit etwa einem Jahr in Deutschland aufhält, hat er noch keine guten Deutschkenntnisse. Er versteht vieles, hat jedoch große Schwierigkeiten sich auf Deutsch auszudrücken. In der Ganztagsbetreuung verhält A. sich täglich destruktiv aggressiv, er schlägt, schubst, bespuckt und beschimpft andere Kinder. Dies geschieht oft dann, wenn die Kinder mit ihm in Kontakt treten möchten. Unter anderem reagiert er auch aggressiv auf die Frage nach den Hausaufgaben. Bei seinem Verhalten lässt sich eine Mischform von emotionalen als auch instrumentellen Aggressionen erkennen. Die emotionale Aggressionsform zeigt sich dabei durch den von ihm geäußerten Unmut gegenüber dem Provokateur und die instrumentelle Aggressionsform dient der Abwehr eines Provokateurs oder der Abwendung einer für ihn unangenehmen Tätigkeit wie den Hausaufgaben. Somit kann anhand der Beobachtungen interpretiert werden, dass es sich bei den von A. ausgeführten Aggressionen um eine Abwehr-Aggression handelt (Kapitel 1.4.1.3).

Fall B.

B. ist ein acht Jahre alter Junge und schon seit der ersten Klasse in der Hortgruppe 2d. Anders als bei A. sind die Kinder in der Hortgruppe gleichzeitig seine Klassenkameraden. In der Ganztagsbetreuung ist B. in verschiedenen Situationen schnell frustriert und reagiert aggressiv. Seine Aggressionen sind dabei meist nicht von physischer Gewalt geprägt, sondern äußern sich häufiger durch eine aggressive Körpersprache und verbaler Aggression in Form von Beleidigungen und Wutausbrüchen gegenüber der von ihm als Provokateur empfundenen Person oder Gruppe. Seine Aggressionen können sich dabei gegen einzelne Kinder, eine bestimmte Gruppe, einen Erzieher oder auch die gesamte Hortgruppe richten. Dieses Verhalten lässt sich am häufigsten bei der Abholsituation und der Essenssituation beobachten. Es wird ausgelöst sobald sein Anspruch auf etwas nicht erfüllt wird. Beim Abholen der Kinder von der Schule durch die Erzieher, kann es der vorderste Platz in der Reihe sein, den ein anderes Kind vor ihm einnimmt. Bei der gemeinsamen Essenssituation kann es sich um eine Essensschüssel handeln, welche er vor allen anderen haben will und die ein anderes Kind vor ihm nimmt, einen Sitzplatz

---

[15]Vgl. Nolting, Hans-Peter: Lernfall Aggression, Reinbek bei Hamburg 2014, S. 133 f

welchen er ausgesucht hat und nicht einnehmen kann, da sich ein anderes Kind daraufsetzt oder den Anspruch darauf im Nebenzimmer essen zu dürfen. Diesen hat er obwohl die Regel besagt, dass sich jeden Tag ein anderes Kind, fünf Kinder aussuchen darf mit welchen es im Nebenzimmer essen möchte.

Wenn B. an diesem Tag nicht an der Reihe ist, beziehungsweise nicht ausgewählt wird, plädiert er trotzdem darauf im Nebenzimmer essen zu können. Hierbei ist wichtig zu erwähnen, dass B. seine Wünsche und Ansprüche im Vorfeld nicht äußert, weshalb es schwierig ist diese zu erkennen und entsprechend festzustellen, welchem nicht erfüllten Anspruch sein aktuelles aggressives Verhalten entsprungen ist. In seinem Wutanfall kommt es unter Umständen auch vor, dass er den Kindern droht. Sobald er hier jedoch auf Widerstand stößt verlässt er die Gruppe und zieht sich zurück. Auch wenn B. seine Drohungen nicht wahr macht, lässt sich eine destruktive Aggressionsform erkennen, in Form von kränkenden Äußerungen und Drohgebärden. Es lassen sich hier sehr starke Emotionen erkennen, dennoch ist auch zu beobachten, dass es meist darum geht etwas aus einer Situation zu herauszuschlagen. Dahingehend ist hier auch eine instrumentelle Aggressionsform zu sehen, da der Kontext des Handelns überwiegend zweckgerichtet ist. Somit geht die Annahme dahin, dass es sich bei B. oft um eine Erlangungs-Aggression handelt (Kapitel 1.4.1.2).

2. Theoretische Erklärungsmodelle

Es gibt eine große Bandbreite von Aggressionstheorien, welche versuchen die Entstehung des Phänomens zur erklären. Dabei kann keine dieser Theorien für sich alleine stehen und das ganze Ausmaß der Entstehung von destruktiver Aggression erklären. Vielmehr können sie als gegenseitige Ergänzung verstanden werden. Daher werden in dieser Arbeit einige bedeutsame Theorien erwähnt. Die im Folgenden aufgezeigten Aggressionstheorien beschreiben unterschiedliche Ansätze und geben somit eine ausgewogene Einführung zur Entstehung von Aggression. Gleichzeitig werden die jeweiligen Theorien auf die zwei Fallbeispiele angewendet. Die Frustrations-Aggressions-Theorie beschäftigt sich dabei mit der emotionalen Komponente, die Lerntheorien mit der Aggression als angelerntes Verhalten und die Systemtheorie betrachtet den multikausalen Zusammenhang.

2.1 Frustrations-Aggressions-Theorie

Diese Theorie bildet den Ausgangspunkt, dass Aggression immer durch eine Art von Frustration ausgelöst wird. Frustration und Aggression bilden ein Verhältnis zueinander in welchem jede Art von Frustration zu einer Aggression führt. Dabei wird davon ausgegangen, dass eine Frustration entsteht, wenn eine Zielgerichtete Handlung gestört wird. Weitere empirische Untersuchungen ergaben, dass nicht jede unterbrochene Handlung zu aggressiven Verhalten führt. Dies veranlasste die Begründer dieser Theorie dazu ihre These zu relativieren.

Die neuere Fassung besagt somit, dass Frustrationen zu verschiedenen Verhaltensweisen führen, eine davon trägt die Tendenz zu aggressiven Reaktionen. Nolting weist darauf hin, dass vor allem Provokationen und unfaire Behandlungen frustrierende Ereignisse darstellen die eine aggressive Reaktion begünstigen.[16] Aggressive Tendenzen können dabei durch vorangegangene negative Affekte (Kälte, Schmerz)[17] oder frustrierende Lebenserfahrungen (Zwänge, Verbote, soziale Not) verstärkt werden.[18] Wichtig festzuhalten ist, dass diese Theorie sich auf Affekthandlungen bezieht und somit eine Erklärung für ein reaktives Verhalten ist.[19] Damit gewinnt diese Theorie mit all ihren Modifikationen an Bedeutung für die Entstehung von emotional motivierter Aggression (Kapitel 1.4.1).

2.1.1 Fallbeispiel aus der Praxis Anhand von B.
Im Fall von B. lässt sich die Frustrations-Aggressions-Theorie erkennen. Der Anspruch auf einen bestimmten Platz oder einen Gegenstand als erster zu bekommen lässt sich als zielgerichtete Handlung von B. bezeichnen. Dadurch dass das zielgerichtete Handeln von B. durch ein anderes Kind unterbrochen wird, indem es den Platz von B. einnimmt oder die Essensschüssel als erstes nimmt, erfährt B. eine Frustration welche sich bei ihm in verbaler Aggression gegen den Provokateur äußert.

2.2 Sozial-kognitive Lerntheorie
Bei dieser Theorie handelt es sich um die Aneignung von Verhaltensmustern durch Vorbilder. Das beobachtete Verhalten anderer wird dabei von dem Kind analysiert und ausgewertet. Hierbei ist für das Kind entscheidend wie erfolgreich die Person mit ihrer ausgeführten Aktion ist. Das heißt je erfolgreicher sich die Person mit dem gezeigten Verhalten durchsetzt, desto eher wird dieses Verhalten von dem beobachtenden Kind imitiert. Die Wahrscheinlichkeit der Nachahmung wird dabei deutlich durch den Stellenwert der beobachteten Person verstärkt. Somit haben also starke Bezugspersonen wie Mutter, Vater, Erzieher oder der Star der Gruppe ein hoher Einfluss darauf welches beobachtete Verhalten von dem Kind übernommen und angewendet wird.[20]

---

[16]Vgl. Nolting, Hans-Peter: Lernfall Aggression, Reinbek bei Hamburg 2014, S. 60 ff
[17]Vgl. Nolting, Hans-Peter: Lernfall Aggression, Reinbek bei Hamburg 2014, S. 70
[18]Vgl. Nolting, Hans-Peter: Lernfall Aggression, Reinbek bei Hamburg 2014, S. 79
[19]Vgl. Melzer, Wolfgang; Schubarth, Willfried; Ehninger Frank: Gewaltprävention und Schulentwicklung, Bad Heilbrunn 2004, S. 57
[20]Vgl. Gratzer, Werner: Aggressivität in der Schule, Braunschweig 2014, S. 22

2.2.1 Fallbeispiel aus der Praxis Anhand von A.

Als Fallbeispiel aus der Praxis für die Sozial-kognitive Lerntheorie dient das folgende Beispiel.

A. reagiert in Konfliktsituationen häufig mit verbaler und physischer Aggression. Diese äußert sich durch Anschreien, Beleidigen und Schlagen. Aus der Familie von A. ist bekannt, dass es früher häufig zu verbaler und physischer Aggression seitens des Vaters gegenüber A. gekommen ist. Insofern lässt sich interpretieren, dass A. das Verhalten seines Vaters angenommen hat.

2.3 Operante Konditionierung

Die operante Konditionierung ist ein behavioristischer Ansatz, in dem der Erfolg ausschlaggebend für das Verhalten des Individuums ist. In dieser Theorie wird davon ausgegangen, dass ein bestimmtes Verhalten durch positive Verstärker häufiger auftritt. Dies geschieht durch Zuspruch oder Belohnung. Dabei lernt das Kind ein Verhalten gezielt einzusetzen, um eine bestimmte Zuwendung zu bekommen.[21] Als positiver Verstärker kann jedoch nicht nur eine bestimmte Zuwendung, sondern auch die Duldung von destruktiven Aggressionen gesehen werden. Dies liegt daran, da das Kind indirekten Zuspruch für sein Verhalten erhält, dadurch dass nicht eingegriffen wird.[22] Sobald ein Kind erfolgreich mit seinem Verhalten ist, steigt die Wahrscheinlichkeit dies regelmäßiger anzuwenden. Was als Erfolg verzeichnet wird, ist dabei sehr von der subjektiven Betrachtung des Anwenders abhängig, denn dies kann von sozialer Anerkennung, materiellem Gewinn bis hin zur Erlangung von Zuneigung reichen. Des Weiteren unterteilt sich die operante Konditionierung auch in negative Verstärker, diese bewirken das Umgehen oder Abwehren einer unangenehmen Situation. Bei der negativen Verstärkung ist auch der Erfolg ausschlaggebend für die Weiterführung des Verhaltens.[23] Somit ist die operante Konditionierung ein Erklärungsmodell für die instrumentelle Aggression. Kinder können durch das Anwenden von aggressiven Verhalten lernen Vorteile zu erlangen (Kapitel 1.4.1.2) oder negative Situationen abzuwenden (Kapitel 1.4.1.3).

2.3.1 Fallbeispiel für positive Verstärker Anhand von B.

Als Beispiel für den positiven Verstärker lässt sich der Fall B. verwenden. Um den Auslöser für den plötzlichen Wutausbruch von B. zu erfahren, ist ihm ein Erzieher meist hinterher gegangen. Nach der Feststellung des Auslösers, welcher für B. meist als unfaires Verhalten

---

[21]Vgl. Nolting, Hans-Peter: Lernfall Aggression, Reinbeck bei Hamburg 2014, S. 94 f
[22]Vgl. Gratzer, Werner: Aggressivität in der Schule, Braunschweig 2014, S. 21
[23]Vgl. Nolting, Hans-Peter: Lernfall Aggression, Reinbeck bei Hamburg 2014, S. 97

ihm gegenüber interpretiert wurde, stellt er Ansprüche um das vorangegangene scheinbar unfaire Verhalten kompensiert zu bekommen, wie beispielsweise das Sonderrecht bei der Abholsituation in der ersten Reihe zu stehen, obwohl andere Kinder als erstes dort waren oder bei der Essenssituation mit einem Erzieher alleine zu essen oder als siebte Person in dem Nebenraum essen zu können. Dies obwohl er nicht an der Reihe ist und nicht von dem Kind, welches an der Reihe ist ausgesucht wurde. Diese Wünsche wurden ihm meist gewährt, somit zeigt sich dieses Verhalten öfters. So ergibt sich eine Verbindung zu der Operanten Konditionierung, denn das aggressive Verhalten von B. erhält durch die Erfüllung seiner Forderungen einen positiven Verstärker, wodurch die Auftretenswahrscheinlichkeit erhöht wird.

2.3.2 Fallbeispiel für negative Verstärker Anhand von A.

Der negative Verstärker lässt sich anhand der bei A. häufig beobachteten Situation veranschaulichen. A. reagiert häufig äußerst aggressiv, wenn er dazu aufgefordert wird seine Hausaufgaben zu erledigen. Durch das aggressive Auftreten des Kindes wird es meist in Ruhe gelassen und kann weiterspielen anstatt der Hausaufgaben zu erledigen. Somit zeigt sich, dass das Kind etwas das es als unangenehm empfindet durch Aggression abwenden konnte. Dieser Erfolg ist somit der negative Verstärker.

2.4 Systemische Pädagogik

Der systemische Ansatz entspringt aus der Therapie und wird in der heutigen Zeit zunehmend auch in der Pädagogik verwendet. Die systemische Pädagogik hat dabei keine einheitliche Definition und kann als Anwendung der systemischen Sichtweisen in der pädagogischen Praxis betrachtet werden. Der systemische Blick richtet sich dabei auf die Vernetzung des Individuums, in der systemischen Pädagogik, des Kindes mit anderen Personen. Der Blick auf das Kind wird dadurch weiter, da es nicht als Einzelperson betrachtet wird, sondern als Teil der Systeme in welche es eingebunden ist. Diese Systeme können beispielsweise die Familie, die Klasse, die Ganztagsbetreuung die Freunde oder andere Gruppen im Umfeld des Kindes sein. [24] Was als System gilt wird von dem Beobachter anhand der Definitionen und den Unterscheidungen die er für seine Analyse anführt entscheiden. [25] Nach dem systemischen Ansatz ist der Einfluss im System wechselseitig, das bedeutet, dass das Individuum das System beeinflusst und das System das Individuum. Denn das System und der Einzelne verändern sich in gegenseitiger Abhängigkeit. Ein häufig verwendetes Beispiel für Systeme ist das Mobile bei welchem alle

---

[24]Vgl. Gollor, Etrika: Hier fühle ich ich Wohl, Heidelberg 2015, S. 13 f
[25]Vgl. Mosell, Robert: Systemische Pädagogik, Weinheim 2016, S. 15

Einzelteile an einer eigenen Schnur hängen, untereinander jedoch verbunden sind. Das bedeutet, schwingt ein Teil des Mobiles, fangen alle andere Teile ebenfalls an zu schwingen.[26] Die verschiedenen Systeme zeichnen sich durch bestimmte Aspekte aus. So haben sie alle erkennbaren Grenzen und können von der Umwelt unterschieden werden, eine Grenze kann dabei beispielsweise die Zugehörigkeit zu dem System betreffen.

Des Weiteren haben alle Systeme feste sich wiederholende Abläufe wodurch sich bestimmte interne Muster im System bilden.[27] Das Verhalten des Einzelnen hängt von dem System ab in welchem er sich bewegt, denn es lässt sich sagen, dass das Verhalten immer kontextabhängig ist. In jedem System herrschen bestimmte Regeln, ein Mensch hat somit viele unterschiedliche Verhaltensmuster auf die er zugreifen und bei Bedarf aktualisieren kann. Ist ein bestimmtes Verhalten in einem System erfolgreich, wird versucht das Verhalten auf andere Systeme zu übertragen, um es auf seine Funktionalität zu testen. Bei Erfolg wird dieses Verhalten fortgeführt, ist es das nicht wird es in diesem System unterlassen. In Hinblick auf die Aggression lässt sich somit sagen, dass ein Kind aus aggressiven Familienverhältnissen auch in anderen Systemen versuchen wird dieses Verhalten auszuüben, es jedoch unterlassen wird sobald es merkt, dass dieses Verhalten in diesem System nicht funktioniert.[28]

2.4.1 Fall A. aus systemischer Sicht

Aus dem Ansatz der systemischen Pädagogik kann bei A. der Blick auf unterschiedliche, für ihn prägende Systeme gerichtet werden, um Aufschluss über die Hintergründe seines Verhaltens erhalten zu können. Als erstes ist sein biographischer Hintergrund näher zu betrachten. A. stammt aus dem Irak und ist mit seiner Familie, bestehend aus seiner Mutter, dem zehnjährigen Bruder und der achtjährigen Schwester nach Deutschland geflohen. Die Beziehung zu seiner Familie ist sehr stabil, besonders sein Bruder hat ein hohes Ansehen bei ihm. Es zeigt sich, dass A. und seine Familie in einem anderen kulturellen System wesentlich geprägt wurden. Da die Familie seit erst einem Jahr in Deutschland ist, kann hier die Vermutung aufgestellt werden, dass A. noch dabei ist die kulturellen Unterschiede zu verarbeiten und dadurch verunsichert ist. Gleichsam ist auch festzuhalten, dass A. bis zu seinem sechsten Lebensjahr keine pädagogische Einrichtung besucht hat. Dementsprechend kann hergeleitet werden, dass A. ein anderes Verständnis von Regeln hat, als sie in der der Ganztagsbetreuung gegeben sind. Die derzeitige Wohnsituation der Familie trägt zu einem instabilen Umfeld bei, da der Umzug in eine eigene Wohnung noch

---

[26]Vgl. Gollor, Erika: Hier fühle ich mich wohl, Heidelberg 2015, S. 14 f
[27]Vgl. Mosell, Robert: Systemische Pädagogik, Weinheim 2016, S. 17
[28]Vgl. https://www.gew-berlin.de Palmowski, Winfried: Verhaltensstörung aus systemischer Sicht, in: Die GEW Berlin 06.2003, (letzter Zugriff 16.03.2017)

nicht vollzogen wurde und die Familie in einer Flüchtlingsunterkunft im Rathaus lebt. Dadurch, dass A. in dieser Unterkunft mit vielen unbekannte Menschen auf engstem Raum lebt, kann es sein dass A. oft gereizt reagiert, da es ihm in seinem Umfeld an Privatsphäre und Ruhe mangelt. Aus dem Familiensystem von A. ist bekannt, dass er verbale und körperliche Gewalt seitens des Vaters erlebt hat, seit der Flucht nach Deutschland lebt die Familie jedoch getrennt von dem Vater und dieser hat auch keinerlei Kontakt zu den Kindern. Daraus lässt sich, mit Anknüpfung an die sozialkognitive Lerntheorie, die Hypothese erstellen, dass A. durch die Erfahrung dessen, dass sich ein Elternteil mit Gewalt und Aggressionen durchgesetzt hat, sich dieses Verhalten angeeignet hat da er keinen anderen Weg zur Durchsetzung der eigenen Ziele erfahren hat (Kapitel 2.2.1). Gleichzeitig ist der Verlust des Vaters sehr prägend für A.., da ihm eine Vaterfigur fehlt an der er sich orientieren kann. Im System der Schulklasse zeigt A. dasselbe Verhalten wie im Hort. Er ist häufig unkonzentriert, verweigert den Unterricht und verhält sich aggressiv den anderen Kindern gegenüber. Hierbei kann angenommen werden, dass er noch mit den Schwierigkeiten seiner aktuellen Situation beschäftigt ist und sich dahingehend nicht auf den Unterricht konzentrieren kann. Gleichsam kann hier auch der Aspekt des mangelnden sprachlichen Ausdrucks eine Rolle spielen und zu frustrierenden Erfahrungen in der Schule beitragen. Im System der Hortgruppe lässt sich erkennen, dass A. als neu hinzugekommenes Kind seinem Platz in einer schon fest etablierten Gruppe finden muss. Beobachtungen dieses Systems zeigen, dass A. sich besonders aggressiv innerhalb größerer Kindergruppen verhält. Auch hier kann interpretiert werden, dass die aggressiven Handlungen Aufgrund von Unsicherheit ausgeführt werden. So zeigt sich hier ein multikausales Zusammenspiel vieler Faktoren, die erklären warum A. oft mit Abwehraggressionen gegenüber anderen reagiert (Kapitel 1.5). Somit muss A. versuchen sich in einem neuen kulturellen System zurechtzufinden, was hinsichtlich der vielen Unterschiede höchstwahrscheinlich nicht immer einfach ist. Gleichzeit muss er den Verlust seines Vaters und seines gewohnten Umfeldes hinnehmen, was zu Frustration, Unsicherheit und Angst führen kann. In Bezug auf die Schule, die Ganztagsbetreuung und die aktuelle Wohnsituation fehlt es ihm an Rückzugsmöglichkeiten, welche er wahrscheinlich braucht um die aktuelle Lebenssituation zu verarbeiten. Hinsichtlich seiner aggressiven Reaktion kann darauf geschlossen werden, dass er zum einen mit Gewalt interveniert, um unangenehme Situationen abzuwenden, da er dies innerhalb seiner Familie seitens seines Vaters nicht anders kennengelernt hat. Durch die sprachliche Barriere fehlen ihm alternative Handlungsmöglichkeiten, was ihn auch eher dazu bewegen kann aggressiv zu reagieren. Somit wird hier davon ausgegangen, dass er einen sehr intensiven Verarbeitungsprozess durchläuft, welcher von seinen negativen Erfahrungen und der Neuorientierung in anderen Systemen geprägt ist. Dahingehend wird hier interpretiert, dass A. sehr sensibel auf seine Umwelt reagiert, da er sehr verunsichert ist und dadurch im Kontakt mit anderen Kindern schnell Angst oder Ärger empfindet, wodurch er dann auch mit einer Abwehr-Aggression reagiert.

2.4.2 Fall B. aus systemischer Sicht

Über das Familiensystem von B. ist bekannt, dass er mit seiner Mutter und seinem Vater zusammenlebt. Aus diesem System lassen sich entsprechend keine Auffälligkeiten herleiten. In dem System Schule lassen sich bei B. ebenfalls keine Auffälligkeiten entdecken. Er arbeitet im Unterricht konzentriert mit und verhält sich ruhig und aufmerksam. Somit lassen sich auch keine Indizien auf sein Verhalten in diesen Systemen finden. Mit Blick auf das System des Horts wird ein markanter Unterschied deutlich, denn im Hort hat B. regelmäßig Wutausbrüche und ist verbal aggressiv. In Interaktion mit den anderen Kindern lässt sich beobachten, dass es meist zu Konfliktsituationen kommt da B. seine Wünsche, Vorstellungen und Ansprüche auf bestimmte Gegenstände nicht äußert, gleichzeitig aber wütend wird, wenn diese nicht erfüllt werden. In dem System zwischen B. und den pädagogischen Fachkräften lässt sich, wie bereits im vorhergehenden Fallbeispiel erläutert, eine Tendenz zur positiven Verstärkung des Verhaltens von B. erkennen (Kapitel 2.3.1). Dadurch, dass auf seine Wutausbrüche die Erfüllung seiner Wünsche durch die Erzieher folgt, wirkt der positive Verstärker und das Verhalten von B. häuft sich in diesem System. Zusammenfassend lässt sich sagen, dass die Systeme der Familie und der Schule für das Verhalten von B. in der Ganztagsbetreuung wenig Relevanz aufweisen. Dafür wird deutlich das sein Verhalten durch positive Verstärker in dem System mit den pädagogischen Fachkräften sein Verhalten bekräftigen. Somit ist der Kontext seiner Aggression in diesem System etwas zu bekommen oder durchzusetzen. Dies lässt darauf schließen, dass dieses Verhalten schon längere Zeit in der Ganztagsbetreuung seine Funktion erfüllt.

2.5 Zusammenfassung

Um die Entstehung von destruktiven Aggressionen erklären zu können ist die Betrachtung der vorangegangenen Theorien, die sich allesamt mit der Herkunft von Aggression auseinandersetzen unerlässlich. Es wird deutlich, dass die systemische Betrachtungsweise ein wesentlicher Bestandteil für das Verständnis aggressiven Verhaltens ist. Sie bietet die Möglichkeit den Blick nicht allein auf das Individuum und dessen Verhalten zu beschränken, sondern vielmehr die Perspektive dahingehend zu erweitern, das Individuum als Teil verschiedener Systeme zu sehen und die einzelnen Systeme zu betrachten die in Wechselwirkung einen Einfluss auf das Individuum haben und das Individuum auf sie. Denn besonders durch den Blick auf einzelne der verschiedenen Systeme kann ein differenzierteres Verständnis für das Verhalten des Kindes entwickelt werden.

Dadurch, dass die vorangegangenen Erklärungsmodelle wie die Frustration-Aggressions-Theorie und die Lerntheorien sich nur auf Einzelaspekte beziehen, um ein bestimmtes Verhalten zu erklären, geht die Betrachtung dieser Facharbeit dahin, sie als Erklärungsansätze innerhalb eines Systems zu betrachten.

3. Intervention und Prävention im pädagogischen Kontext

Bevor Erzieher/innen sich der Intervention und Prävention zuwenden ist es wichtig zu verstehen, wie den Kindern dabei zu begegnen ist. Dabei geht es nicht nur darum ihnen als Vorbild nicht aggressiv gegenüberzutreten, sondern sich auch von einer defizitären Sichtweise zu verabschieden. Denn besonders wenn Pädagogen einen defizitorientierten Blick auf Kinder haben, könnten sie die Situation des Kindes verschlimmern, da das Kind dadurch negative Rückmeldungen bekommt. Hierbei kann es zu einer Rollenzuschreibung kommen. So könnte die Erwartungshaltung der Pädagogen so stark auf das Kind einwirken bis dieses das von außen zugeschriebene Rollenverständnis in sein Selbstbild übernimmt.[29] Damit dies nicht geschieht, ist es wichtig Kindern mit aggressiven Verhalten mit einer positiven Grundhaltung entgegenzutreten. Denn nur durch eine gute Beziehung zum Kind können Pädagogen ihre Klientel unterstützend begleiten und ihnen in schwierigen Situationen helfen.[30] Dahingehend ist das Einnehmen einer systemischen Haltung für die Fachkräfte unumgänglich. Diese bezieht sich auf Wertschätzung, Sensibilität, Interesse und Wohlwollen dem Individuum gegenüber.[31] Gleichzeitig ist die systemische Betrachtung mehr auf die Lösung konzentriert als auf das Problem selbst. Das Potenzial zur Lösung liegt nämlich bei dem Kind und wartet darauf entdeckt zu werden.[32] An diesen Ansatz knüpfen die nun folgenden Handlungsmöglichkeiten an.

3.1 Partizipation

Die Partizipation ist ein Grundbaustein der Demokratie und entsprechend auch der modernen Pädagogik. Sie wird im Allgemeinen als die demokratische Teilhabe bezeichnet. Das bedeutet, dass einzelne Personen oder Gruppen an Entscheidungsprozessen und Meinungsbildungsprozessen beteiligt werden. Dies kann in der Pädagogik auf unterschiedlichen Ebenen und mit unterschiedlichem Ausmaß geschehen.[33]

---

[29]Vgl. Melzer, Wolfgang; Schubarth, Willfried; Ehninger Frank: Gewaltprävention und Schulentwicklung, Bad Heilbrunn 2004, S. 66
[30]Vgl. Mosell, Robert: Systemische Pädagogik, Weinheim 2016, S. 27
[31]Vgl. Mosell, Robert: Systemische Pädagogik, Weinheim 2016, S. 29
[32]Vgl. Mosell, Robert: Systemische Pädagogik, Weinheim 2016, S. 38
[33]Vgl.. Schäfer, Christa: Die partizipative Schule, Köln 2015, S. 13 f

In Bezug auf Aggression und Gewalt lässt sich sagen, dass es einen empirisch nachgewiesenen Zusammenhang zwischen der Demokratieerfahrung und dem Verzicht auf Gewalt gibt. Das bedeutet, dass Kinder und Jugendliche die in ihrem Umfeld erfahren, dass ihre demokratische Teilhabe und die Übernahme von Verantwortung wichtig und erwünscht sind, weniger anfällig dafür sind Gewalt auszuüben. Es lässt sich gleichermaßen nachweisen, dass pädagogische Einrichtungen, mit einem besonders hohen Maß an Partizipation gewaltärmer sind als andere Einrichtungen. Dies liegt unter anderem daran, dass durch Partizipation die Sozialkompetenzen der Kinder und Jugendlichen stärker gefördert werden. Somit lässt sich sagen, dass ein hohes Maß an Partizipation in pädagogischen Einrichtungen, gewaltpräventiv fungieren kann und somit gefördert werden sollte.[34]

3.2 Ich-Botschaften und aktives Zuhören

Um angemessen mit aggressivem Verhalten umgehen zu können, ist ein professionelles Kommunikationsverhalten notwendig. Hierbei hat das Ausdrücken von Ich-Botschaften und das aktive Zuhören eine wesentliche Bedeutung für die pädagogische Arbeit. In solchen Konfliktsituationen ist es besonders wichtig das Gegenüber nicht mit Du-Botschaften weiter zu reizen, sondern vielmehr zu versuchen gemeinsam eine konstruktive Lösung zu finden. Dies funktioniert am besten indem der Standpunkt des Kommunikationspartners ermittelt wird. Es geht dabei vor allem darum sich zu öffnen, Wünsche und Bedürfnisse zu äußern und gleichzeitig dem Gegenüber aufmerksam zuzuhören und seine Schilderung der Situation ernst zu nehmen. Es ergeben sich also zwei verschiedene Rollen, die der Pädagoge in einem solchem Gespräch einnehmen sollte. Zum einen die Sprecherrolle, in welcher versucht wird mit Ich-Botschaften die Situation aufzuklären und das Verhalten des Kindes anzusprechen, ohne negative Äußerungen zu verwenden. Es sollte bei diesen Botschaften nur um die aktuelle Situation und das konkrete Verhalten des Kindes gehen. Die zweite Rolle ist die Zuhörerrolle. Beim aktiven Zuhören ist es wichtig dem Kind das Gefühl zu geben wahrgenommen und verstanden zu werden. Dies wird durch eine offene dem Kind zugewandte Körperhaltung und angemessenen Blickkontakt vermittelt. Nach dem Zuhören sollten die wesentlichen Punkte zusammengefasst und offene Fragen gegebenenfalls abgeklärt werden, um ein differenziertes Verständnis für die gegebene Konfliktsituation zu bekommen. Das Kind sollte nach dem Gespräch eine positive Rückmeldung im Bezug darauf, dass es sich geöffnet hat, erhalten.[35]

---

[34]Vgl. https://www.schulische-gewaltpraevention.de Gugel, Günther: Demokratie gegen Gewalt, in: Gewaltprävention in der Sekundarstufe (o.J.), (letzter Zugriff 16.03.2017)
[35]Vgl. Nolting Hans-Peter: Lernfall Aggression, Reinbek bei Hamburg 2014, 266 f

3.3 Konfliktmanagement im pädagogischen Kontext

In pädagogischen Einrichtungen treffen die verschiedensten Individuen mit unterschiedlichsten Lebenserfahrungen aufeinander. Dies bietet sehr viel Konfliktpotenzial. Die Themen bei denen es sich hierbei handeln kann sind sehr unterschiedlich. Es geht um unterschiedliche Interessen, Normen, Werte, Beziehungen oder Bedürfnisse. Alleine durch dieses breite Themenspektrum wird dabei deutlich wie wichtig Konflikte mit Gleichaltrigen für die kindliche Entwicklungen sind. Sie lernen ihren eigenen Standpunkt zu vertreten und bekommen die Möglichkeit eines Perspektivenwechsels indem sie den Standpunkt anderer Kinder kennenlernen. Daraus ergeben sich kommunikationsfördernde Situationen in denen gemeinsame Lösungsmöglichkeiten erarbeitet werden. Dementsprechend müssen Pädagogen lernen Konflikte zwischen Kindern richtig einzuschätzen, um zu erkennen ob ein Konflikt konstruktiv ist und kein Eingreifen erfordert oder droht zu eskalieren und entsprechendes Eingreifen der Erzieher/innen erfordert. Die pädagogischen Fachkräfte müssen sich bewusst machen, dass ein zu frühes eingreifen den Lernprozess seitens der Kinder nachhaltig stören könnte. Dahingehend sollten Pädagogen besonders destruktive Konfliktsituationen im Auge behalten, welche sich durch drohen, einschüchtern oder körperlicher Gewalt äußern. [36] Für eine angemessene Intervention bei destruktiven Auseinandersetzungen sollten sich die Fachkräfte als neutraler Ansprechpartner anbieten. Hierbei nehmen Pädagogen die Rolle eines Mediators ein, um die Kinder zu einem konstruktiven Umgang mit Konflikten zu befähigen. Ermöglicht wird dies dadurch, dass alle Beteiligten angehört werden und ihre Perspektive schildern können. Zu beachten ist dabei, allen Perspektiven die gleiche Gewichtung zukommen zu lassen. Durch das Erfragen und Zusammenfassen der einzelnen Ansichten wird der Sachverhalt des Konflikts für die Fachkraft deutlicher. Um die Konfliktanteile aller Beteiligten sichtbar zu machen, sollten die Kinder dazu motiviert werden über ihre Gefühle zu sprechen die durch den Konflikt ausgelöst wurden. Hierdurch wird bei allen Akteuren ein differenziertes Verständnis für die verschiedenen Reaktionen ermöglicht. Wichtig als Erzieher/in ist es stets den neutralen Standpunkt zu behalten, damit die Kinder zu eigenen Lösungsmöglichkeiten angeregt werden können. [37]

---

[36] Vgl. Focali, Ergin: Aggressionen und Gewalt begegnen, Köln 2011, S. 59
[37] Vgl. Focali, Ergin: Aggressionen und Gewalt begegnen, Köln 2011, S. 68 f

3.4 Regeln, Grenzen und Konsequenzen

3.4.1 Das Erstellen von Regeln

Regeln haben eine wichtige Bedeutung innerhalb einer Gruppe für einen strukturierten Tagesablauf.

Sie geben Erziehern und Kindern eine Orientierung die ihnen hilft sich im Alltag besser zurecht zu finden. Wichtig dabei ist zu beachten, dass die Regeln des gemeinschaftlichen Zusammenlebens nicht zu einengend sind. Es muss somit ein angemessener Handlungsspielraum gefunden werden ohne eine gewisse Reglung aus den Augen zu verlieren[38] Ein wichtiger pädagogischer Grundgedanke ist dabei sich von den eigenen Normen zu distanzieren, um den Kindern nicht die eigenen moralischen Wertvorstellungen überzustülpen. Hierbei soll Kindern die Möglichkeit gegeben werden an der Gestaltung von Regeln mitwirken zu können. Das Aushandeln und Einhalten von Regeln dienen den Kindern zur Entwicklung eigener moralischer Wertvorstellungen. Gleichzeitig werden sie darin bestärkt ihre Wünsche und Bedürfnisse zu äußern. Zu beachten ist dabei, dass die vereinbarten Regeln auch immer einer Flexibilität unterliegen. Sollten also gewisse Regeln sich als ungeeignet herausstellen, dann sollten diese mit den Kindern neu verhandelbar sein. Diese Herangehensweise ermöglicht eine partizipative Einbindung, da die Regeln im Interesse aller Beteiligten gestaltet werden.[39] Für ein gemeinschaftliches Zusammenleben ist es somit notwendig Kinder in das Erstellen von Regeln miteinzubeziehen. Hierdurch nehmen Kinder Regeln nicht als gegebene Norm wahr, welcher sie sich unterwerfen müssen, sondern entwickeln durch die eigene Mitgestaltung ein Verständnis für diese.

3.4.2 Grenzen

Wie im vorangegangenen Punkt erwähnt ist Partizipation ein wichtiger Bestandteil beim Erstellen von Regeln. Dennoch sind Erzieher dazu aufgerufen in bestimmten Situationen klare Grenzen zu setzen, welche nicht verhandelbar sind. Besonders dann, wenn die physische oder psychische Unversehrtheit der Kinder in Gefahr ist. Hierbei ist unverzügliches Eingreifen erforderlich, um die Sicherheit der Kinder gewährleisten zu können. Sobald sich also destruktives Verhalten bei Kindern zeigt, mit welchem versucht wird anderen Kinder gezielt zu schädigen, müssen Erzieher/innen sofort reagieren. Die Pädagogen müssen somit das Kind schützen, welches gerade Gewalt erfährt ohne dabei das andere Kind, welches Gewalt ausübt zu denunzieren.[40] Um in solchen Situationen angemessen einzuschreiten sollten Pädagogen eine klare Haltung einnehmen. Hierbei können die Handlungsmöglichkeiten von verbalisierten Stopp Signalen, dem Trennen der

---

[38]Vgl. Haug-Schnabel, Gabriele: Aggression bei Kindern, Freiburg im Breisgau 2011, S. 125 f
[39]Vgl. Focali, Ergin: Aggressionen und Gewalt begegnen, Köln 2011, S. 89
[40]Vgl. Focali, Ergin: Aggressionen und Gewalt begegnen, Köln 2011, S. 90

aggressiven Akteure bis hin zum Wegnehmen gefährlicher Gegenstände reichen. Den Kindern wird dabei eine klare Grenzverletzung vermittelt und die Interaktion der beteiligten Akteure unterbrochen.

Das Setzten von Grenzen hat aber noch keine Konsequenz für die Kinder zur Folge, denn es kommt nicht zur Entfernung von Vorteilen oder zum Hinzufügen von unangenehmen Situationen. Dennoch kann sich auf langfristige Sicht ein neues Verhaltensmuster entwickeln, da die Grenzsetzung eine klare Haltung zu sozialen Werten und Normen vermittelt. Bei leichteren Formen von Aggression wie Wutausbrüchen, Kraftausdrücken oder Nörgeleien muss nicht zwangsläufig interveniert werden. Solange keine Person physischen oder psychischen Schaden nimmt kann aggressives Verhalten ignoriert werden. Dies sollte besonders dann zur Anwendung kommen, wenn die genannten aggressiven Verhaltensformen darauf gerichtet sind etwas zu erlangen. Hierbei geht es darum aggressives Verhalten ins Leere laufen zu lassen, um einer positiven Verstärkung zu vermeiden (Kapitel 2.3).[41] Sollte der Verstärker entfallen, kann die Auftretenswahrscheinlichkeit der Handlung reduziert werden. Das Verhalten kann dabei soweit gemindert werden bis es zur Löschung kommt, der so genannten Extinktion.[42]

3.4.3 Konsequenzen

Im pädagogischen Alltag kommt es häufig zu Grenz- und Regelverletzungen. Dabei sind Konsequenzen eine angemessene pädagogische Handlung, welche im Gegensatz zu der Strafe auf einen Lernprozess der Kinder abzielt und nicht miteinander verwechselt werden sollte.[43] Die Art der Konsequenz sollte nicht aggressiv sein sondern in einem sachlichen und zusammenhängenden Bezug zu der Grenz- oder Regelverletzung stehen.[44] Damit die Konsequenz für alle Beteiligten als fair wahrgenommen wird, muss sie sowohl für alle Kinder als auch für die Erwachsenen gleichermaßen gelten.[45] Auch sollte die Konsequenz unmittelbar erfolgen, da das Kind sonst durch eine zeitliche Verzögerung keinen Bezug mehr zwischen seiner Handlung und der Konsequenz herstellen kann. Ein wichtiger Aspekt ist ebenfalls, dass die Konsequenz sich nicht gegen das Kind richtet, sondern auf das unerwünschte Verhalten. Um den Lernprozess zu bestärken sollte die Konsequenz stets erklärt werden, um dem Kind den Zusammenhang zwischen seiner Handlung und der Konsequenz verständlich zu machen.[46] Kinder müssen die Konsequenzen stets Abwägen

[41]Vgl. Nolting, Hans-Peter: Lernfall Aggression, Reinbek bei Hamburg 2014, S. 221 f
[42]Vgl. Dorlöchter, Heinz; Stiller, Edwin: Phönix, Paderborn 2005, S. 245
[43]Vgl. Focali, Ergin: Aggressionen und Gewalt begegnen, Köln 2011, S. 90
[44]Vgl. Nolting, Hans-Peter: Lernfall Aggression, Reinbek bei Hamburg 2014, S. 220
[45]Vgl. Focali, Ergin: Aggressionen und Gewalt begegnen, Köln 2011, S. 90
[46]Vgl. Nolting, Hans-Peter: Lernfall Aggression, Reinbek bei Hamburg 2014, S. 220

können und sie muss für sie stets voraussagbar sein, damit sie eigene Optionen für Ihr Handeln entwickeln können.[47] Natürliche Konsequenzen können dabei der Entzug von Privilegien sein, wie Beispielsweise ein Timeout während der Spielzeit oder das Hinzufügen von zusätzlichen Aufgaben die aus dem vorangegangenen Handeln hervorgehen.

Diese können zum Beispiel die Motivation zu einer Entschuldigung oder Wiedergutmachung sein oder das Aufräumen der von dem Kind beschädigten Gegenständen betreffen.[48] Wenn Konsequenzen unverhältnismäßig ausfallen gleicht die Konsequenz einer Bestrafung, diese jedoch fördert aggressives Verhalten seitens der Kinder, da sie die Strafe als frustrierendes Erlebnis wahrnehmen. Der Erziehende wird dabei als jemand wahrgenommen der seine Macht gewaltsam durchsetzt.[49]Somit zeigt sich, dass natürliche Konsequenzen mehr zur Persönlichkeitsentwicklung beitragen als reine Bestrafungen, weswegen Bestrafungen keinen Platz in pädagogischen Einrichtungen finden sollten.

3.5 Ressourcen orientierter Blick und Positive Verstärker

Ein ressourcenorientierter Blick ist ein wichtiger Bestandteil des systemischen Ansatzes. Es kann sich dabei um Ressourcen im Umfeld des Kindes Handeln in Form von Eltern, Geschwistern, Pädagogen oder Freunden.[50] Gleichzeitig richtet sich diese pädagogische Sichtweise nach den Stärken des Kindes. Die Ressourcen des Kindes werden dabei als versteckte Energiequellen erfasst und als Hilfsmittel gesehen, um sich in der Umwelt zurecht zu finden. Somit wird abweichendes Verhalten von Kindern nicht einfach als negativ und störend betrachtet. Vielmehr wird der Blick auf die Fähigkeiten des Kindes gerichtet, die ihm helfen bestimmte Situationen zu meistern. Gleichsam richtet sich der Blick auch auf die positiven Eigenschaften des Kindes, um es darin zu bestärken.[51] In Bezug auf das Kind kann dieser Ansatz auch mit positivem Verstärker kombiniert werden. Diese erfolgen in Form von Lob und Anerkennung auf die Stärken des Kindes (Kapitel 2.3). Wie bei der Konsequenz sollte auch das Lob unmittelbar nach der Handlung erfolgen. Des Weiteren sollte es nicht nur bei dem Loben bleiben, es muss eine wertschätzende Auseinandersetzung mit dem Verhalten des Kindes erfolgen, um es in seinem Lernprozess zu fördern. Dies geschieht indem die Erzieher/innen einen Dialog erzeugen in welchem sie interessiert nachfragen, damit sich das Kind Ihnen öffnen und mitteilen kann. Hierbei fühlt sich das Kind in seinen Kompetenzen wahrgenommen und wird gleichzeitig dazu bestärkt

---

[47]Vgl. Haug-Schnabel, Gabriele: Aggression bei Kindern, Freiburg im Breisgau 2011, S. 126
[48]Vgl. Nolting, Hans-Peter: Lernfall Aggression, Reinbeck bei Hamburg 2014, S. 220
[49]Vgl. Focali, Ergin: Aggressionen und Gewalt begegnen, Köln 2011, S. 92
[50]Vgl. Mosell, Robert: Systemische Pädagogik, Weinheim 2016, S. 36
[51]Vgl. Focali, Ergin: Aggressionen und Gewalt begegnen, Köln 2011, S.16

diese Tätigkeit zu intensivieren oder zu wiederholen.[52]

4. Fachpraktische Anwendung der Theorien in der Praxis anhand der Fallbeispiele A. und B.

In diesem Punkt geht es darum die Theorie auf die Praxis zu übertragen. Dies geschieht durch die Schilderung von verschiedenen Beobachtungen aus der Ganztagsbetreuung der Muster-Grundschule und den daraus resultierenden Handlungsmöglichkeiten. Hierbei soll aufgezeigt werden wie und wann interveniert wurde, um destruktiv aggressives Verhalten zu reduzieren. Die fachpraktische Anwendung bezieht sich dabei auf das fünfmonatige Praktikum in der Ganztagsbetreuung der Muster-Grundschule und soll aufzeigen inwiefern die angewendeten Theorien innerhalb dieser Zeit Einfluss auf das Verhalten der Kinder hatte.

4.1 Fall A.

In diesem Punkt wird darauf eingegangen wie mit den destruktiven Aggressionen von A. umgegangen werden kann und welche Unterstützungen ihm gewährleistet werden. Zu den ersten Interventionsmaßnahmen gehört das Setzen von klaren Grenzen. Dies erfolgt in Form von Stoppsignalen oder durch das Einschreiten eines Pädagogen, um die anderen Kinder zu schützen und dem Kind zu zeigen, dass dieses Verhalten keine Akzeptanz in dieser Einrichtung erfährt (Kapitel 3.4.2). Hiermit wird einer positiven Verstärkung in Form von Duldung entgegengewirkt (Kapitel 2.3). Wichtig ist dabei, dass der/die Erzieher/in nicht aggressiv interveniert und laut wird oder Schuldzuweisungen durch Du-Botschaften sendet, sondern eher eine positive Haltung einnimmt. So soll dem Kind kein negatives aggressives Vorbild gezeigt werden, wie er es schon in seiner Familie erlebt hat (Kapitel 2.2.1). Nach dem Stoppen bieten sich die Pädagogen stets als Ansprechpartner an, um den Konflikt auf den Grund zu gehen. Genau hier sollen beide Seiten ihre Sicht auf den Konflikt schildern, damit jeder den Standpunkt des anderen kennt und zu verstehen versucht, um dann eventuell die Kinder zu einer konstruktiven Lösung zu befähigen (Kapitel 3.3). Bei solchen Gesprächen zeigt sich, dass der Standpunkt von A. meistens der ist, dass er von den anderen Kindern in Ruhe gelassen werden möchte und daher oft mit Abwehr-Aggressionen reagiert. Die von ihm angegriffenen Kinder berichtet oft, dass er sie einfach schlägt ohne ein für die Kinder ersichtlichen Grund. Bei den Konfliktlösungsgesprächen können selten Lösungen zwischen den Kindern gefunden werden, da A. oftmals sofort abblockt. Bei wiederholten Gewaltanwendungen werden bei A. Konsequenzen in Form von Timeouts eingeleitet. Hier wird eine Spielpause eingeführt, damit A. sich beruhigen kann und

---

[52]Vgl. Focali, Ergin: Aggressionen und Gewalt begegnen, Köln 2011, S. 93 f

Gelegenheit hat über das Geschehene nachzudenken. Es wird darauf geachtet, dass die Konsequenz sofort und unmittelbar greift, damit das Kind auch einen Bezug zu seiner Handlung herstellen kann. Die Intervention wird für ihn sachlich begründet, damit er versteht warum es zu dieser Handlung seitens des Pädagogen kommt. Ziel dieser Handlung ist es das Kind auf längerer Sicht zu anderen Handlungsstrategien anzuregen (Kapitel 3.4.3). Des Weiteren wird das Gespräch mit A. gesucht um den Grund für die Eskalationen zu ermitteln und gleichzeitig bestimmte Regeln mit ihm zu vereinbaren. Damit dies gelingt wird von der Einrichtung ein Dolmetscher gestellt, um die Sprachbarriere zwischen dem Kind und dem Pädagogen zu beheben. Durch das Senden von Ich-Botschaften wird versucht ihm zu vermitteln, dass es nicht darum geht ihm Konsequenzen aufzuerlegen, sondern ihn und andere Kinder zu schützen. Hierbei ist es wichtig ihn spüren zu lassen, dass er ein Teil der Gruppe ist. Gleichzeitig bietet sich der Pädagoge als Ansprechpartner in schwierigen Situationen an. Ziel ist es das Kind zu einem Gespräch anzuregen und ihm die Möglichkeit zu geben über seinen Gefühlszustand zu reden (Kapitel 3.2). Dies geschieht mit Wertschätzung und Respekt dem Kind gegenüber, denn nur so fühlt sich A. angemessen wahrgenommen. Hierbei ergibt sich, dass er so reagiert, da er sich von den anderen Kindern provoziert fühlt und sie ihm, eigener Aussage nach, nerven. Wichtig ist es ihm an dieser Stelle zu vermitteln, dass Wut ein sehr legitimes Gefühl ist und er wütend sein darf, wenn ihn etwas kränkt. Gleichzeitig wird hier auch angeregt, andere Lösungsmöglichkeiten zu finden anstatt mit verbaler und körperlicher Gewalt zu intervenieren. So wird ihm beispielsweise Angeboten sich innerhalb der Einrichtung an einen Pädagogen seiner Wahl zu richten auf den er jeder Zeit zurückgreifen kann, wenn er sich in solchen Situationen bedroht oder genervt fühlt. Die Intention dahinter ist A. aufzuzeigen, dass in seinem Umfeld Ressourcen für ihn bereitstehen, auf die er immer zurückgreifen kann sofern er das möchte (Kapitel 3.5). Eine weitere Ressource die ihm angeboten wird, ist die Rückzugsmöglichkeit an einen ruhigen, von ihm gewählten Ort, um sich nach Konfliktsituationen beruhigen zu können. Ein weiterer Aspekt der angesprochen werden muss, ist das gemeinsame Erstellen von Regeln. Durch die Annahme aus der systemischen Sicht, dass A. ein anderes Regelverständnis hat (Kapitel 2.4.1), soll des Weiteren darauf eingegangen werden, welche Regeln für die Ganztagsbetreuung sehr wichtig sind. Die Regeln lauten, dass nicht geschlagen, getreten, angespuckt, gedroht oder beleidigt werden darf. Zudem wurde ihm die Stopp Regel nähergebracht, welche im Hort mit den Kindern zusammen erstellt wurde und seit längerer Zeit erfolgreich von Kindern und Erziehern praktiziert wird. Bei dieser Regel geht es darum die eigenen Grenzen zu wahren, sobald von einem Kind Stopp gerufen wird, ist dies ein Signal für die andere Person um mit einem bestimmten Verhalten aufzuhören. Diese Regel wird für A. erläutert, damit er auch mit wenig sprachlichen

Ausdruck seine eigenen Grenzen wahren kann ohne dabei Gewalt gegenüber dem Provokateur anzuwenden.

Wichtig ist dabei ihm verständlich zu machen, dass die genannten Regeln für alle gelten, sowohl für alle Erzieher als auch für alle anderen Kinder. Die Intention dahinter ist, dass A. den Sinn in diesen Regeln versteht, nämlich dass es sich dabei um den Schutz aller Kinder, einschließlich ihm, handelt. Diese Reglung soll in einer Struktur und Sicherheit geben, um sich im Hort Alltag besser zurecht zu finden (Kapitel 3.4.1). Durch das Wissen, dass nur das Reagieren auf destruktive Aggression nicht alleine reicht, um A. zu neuen Handlungsmöglichkeiten anzuregen, wird eine weitere Gewichtung auf die Stärken und Interessen von A. gelegt. Um das zu bewerkstelligen sollen weitere Beobachtungen Aufschluss über die Ressourcen von A. geben, damit hier positive Verstärker eingebaut werden können. (Kapitel 3.5). Hierbei geht es darum präventiv zu arbeiten, um die Ausführung von destruktiven Aggressionen zu mindern. Wie sich bereits aus den Beobachtungen des Systems der Familie von A. ergeben hat, sind seine Geschwister eine starke Ressource die in dem System der Ganztagsbetreuung vorhanden sind (Kapitel 2.4.1). Sie geben ihm Halt in der neuen Umgebung und sind enge Bezugspersonen für A. Es lässt sich beobachten, dass A. besonders zu seinem älteren Bruder aufsieht und seine Anwesenheit A. die nötige Sicherheit verschafft um nicht aggressiv auf die anderen Kinder zu reagieren. A. fragt häufig danach wo sich sein Bruder aufhält, da sie im Hort aufgrund des Alters in unterschiedlichen Gruppen sind. Es lässt sich erkennen, dass A. die Nähe zu seinem Bruder sucht. Diese Ressource kann besonders im Freispiel auf dem Hof genutzt werden. Der Bruder von A. wird gebeten, sich im Freispiel öfter seinem jüngeren Bruder zu widmen um ihm mehr Sicherheit in der Eingewöhnungszeit in der neuen Umgebung zu geben. Seine Schwester, die sich in der gleichen Gruppe im Hort befindet wie A., ist eine Ressource die A. besonders bei dem Erledigen der Hausaufgaben unterstützt. Da es im Hort keinen bestimmten Ort gibt an dem alle Kinder ihre Hausaufgaben erledigen müssen, ergibt sich die Möglichkeit, dass A. sich mit seiner Schwester an einen von Ihnen Gewünschten Ort zurückziehen kann, um dort gemeinsam in Ruhe ihre Hausaufgaben erledigen zu können. Die freie Wählbarkeit des Orts soll eine Auflockerung zu der Schule darstellen, da die Kinder, sofern es gewünscht ist, ihre Hausaufgaben auch beispielsweise auf dem Boden liegend erledigen können. Da die Schwester von A. ihre Hausaufgaben sehr gerne macht, schafft sie es durch ihre positive Einstellung A. dazu zu motivieren mitzumachen. Durch Beobachtungen von A. im Umgang mit anderen Kindern zeigt sich, dass er besonders in kleineren Kindergruppen mit drei bis vier Kindern viele pro-soziale Kompetenzen aufweist. Er ist sehr hilfsbereit, so hilft er auch sehr gerne dem Kind im Rollstuhl mit der spastischen Diparese beim An- und Ausziehen der Jacke oder begleitet es mit auf den Schulhof. Auch teilt er gerne und verschenkt beispielsweise regelmäßig die Hälfte seines Vespers an andere.

Er übernimmt sehr gerne Verantwortung und meldet sich oft freiwillig bei anfallenden Aufgaben im Alltag wie zum Beispiel bei dem Tische eindecken, wie auch dem Abräumen oder dem gemeinsamen Erledigen einiger Einkäufe für die Einrichtung. Gleichzeitig besitzt er auch ein hohes Maß an Gerechtigkeitsgefühl und macht die Pädagogen auf Situationen aufmerksam, welche er nicht für fair erachtet. Besonders hier ist es wichtig dieses Verhalten nicht unbeachtet zu lassen, da er hier viele Kompetenzen zeigt. Somit bekommt dieses Verhalten mehr Zuwendung in Form von Lob und Anerkennung, damit hier Verstärker gesetzt werden und das Verhalten öfters gezeigt wird (Kapitel 3.5). Es geht dabei nicht darum inflationär zu loben, sondern ihm authentisch eine positive Rückmeldung zugeben. Hierbei soll er dazu ermutigt werden diese Kompetenzen öfters zu zeigen und gleichzeitig andere Verhaltensmuster wie Gewaltanwendungen zu reduzieren. Dahingehend muss ihm gezeigt werden, dass sozial-attraktives Verhalten sich lohnt. Da sich dieses Verhalten bei ihm nur in einer für ihn als sicher empfundenen Umgebung und daher nur kleinen Kindergruppe zeigt, ist es besonders wichtig sein Sicherheitsgefühl in der Hortgruppe zu fördern und auf größere Kindergruppen auszuweiten. Da sich A. wie viele der anderen Kinder besonders gerne draußen aufhält, lässt sich das Gemeinschaftsgefühl und die Sicherheit in der Gruppe besonders gut durch Gruppensportarten die wenig sprachliche Voraussetzungen erfordern zu fördern. Es zeigt sich, dass beispielsweise Fußballspielen hierfür sehr gut geeignet ist, da diese Sportart gern von der Gruppe betrieben wird und auch dem Interesse von A. entspricht. Somit wird gemeinsam mit den Kindern aus der Klasse 2d ein Fußballspiel organisiert. Neben der partizipativen Einbindung (Kapitel 3.1) ist unter anderem das Ziel, dass er hier mit der Gruppe in Interaktion tritt und eventuell gewisse Unsicherheiten abbaut. Auch hier zeigt sich A. als Teamspieler und hat weniger Schwierigkeiten mit der Gruppe zu interagieren. Um jedoch auch seine sprachlichen Kompetenzen zu fördern sind viele Gegenstände in der Ganztagsbetreuung gemeinsam mit A. und seiner Schwester mithilfe von Klebezetteln in deutscher und arabischer Sprache beschriftet worden, um das Lernen der vielen neuen Worte zu erleichtern. Tägliche kleinere Spiele wie das Memoryspiel mit zusammenpassendem Bild und Wort, helfen ebenfalls bei der schnelleren Erlangung der Sprache um A. die Kommunikation mit den Pädagogen und den anderen Kindern zu erleichtern und die Handlungsmöglichkeit zu geben sich verbal und nicht physisch in Konflikten verständigen zu können. Zum Ende des Praktikums lässt sich beobachten, dass A. sich in der Gruppe sicherer fühlt und weniger mit Abwehr-Aggressionen reagiert. Dies liegt unter anderem an der Sicherheit, die er durch neugewonnene Freunde in der Gruppe erhält. Bei Konflikten in denen er von anderen Kindern beleidigt oder angeschrien wird, wendet er sich häufiger entweder an pädagogische Fachkräfte oder weist die Kinder selbstständig auf die Einhaltung der Regeln hin anstatt physischer Gewalt auszuüben.

Es lässt sich also sagen, dass A neue Handlungsmöglichkeiten in diesem System erkannt hat und diese zunehmend durchführt.

5.2 Fall B

In Fall B. können ebenso wie in Fall A. bestimmte Handlungsmöglichkeiten erarbeitet werden um B. eine Hilfestellung zu geben alternative Handlungen zu verwenden, um das Miteinander im System der Hortgruppe 2d konstruktiver zu gestalten. Um B. dazu anzuregen alternative Handlungsmöglichkeiten in Betracht zu ziehen, müssen zuerst die positiven Verstärker, welche sein Verhalten fördern entfernt werden. Der positive Verstärker ist das Verhalten der Erzieher. Indem die Erzieher auf die Wutausbrüche von B. mit der Erfüllung seiner Wünsche, welche oftmals nicht im direkten Zusammenhang mit der Ursprungssituation stehen eingehen, wie beispielsweise die Erlaubnis als zusätzliches Kind im Nebenraum essen zu können, weil ein anderes Kind die Essensschüssel als erstes genommen hat, fördern die Erzieher das Verhalten von B. Somit hat B. erkannt, dass sein Verhalten die Erfüllung seiner Wünsche zur Folge hat und entsprechend eine Handlungsstrategie entwickelt. Somit erfüllt sein aggressives Verhalten eine Funktion in dem System des Horts, in welchem er und die Erzieher sich in Wechselwirkung beeinflussen. Der positive Verstärker kann entfernt werden, indem die Erzieher das Verhalten von B. ignorieren und seine Handlung dadurch ins Leere laufen lassen (Kapitel 3.4.2). Das Ignorieren der Wutausbrüche von B. kann nur dadurch stattfinden, da die Kinder sehr kompetent mit dem Verhalten von B. umgehen. Wenn B. seine Ansprüche an bestimmte Gegenstände wie beispielsweise der Essensschüssel im Vorfeld nicht sprachlich äußert und im Anschluss wütend reagiert, weil ein anderes Kind die Essensschüssel als erstes nimmt oder einen bestimmten Sitzplatz vor B. einnimmt, lassen sich die Kinder von seinen Drohungen und Versuchen gewaltsam an den gewünschten Gegenstand zu kommen nicht einschüchtern. Wenn B. einem den Kindern droht, ihm oder ihr den Stuhl wegzuziehen, wenn er oder sie sich nicht auf einen anderen Platz setzt oder droht einem der Kinder die Essensschüssel wegzureißen, wenn er sie nicht sofort bekommt, halten die Kinder dagegen und verneinen seine Forderung nach einem bestimmten Platz der Essensschüssel oder anderen Gegenständen. Das Verhalten der Kinder ist dahingehend verständlich, da sie ihre persönliche Integrität wahren wollen und den Anspruch von B. nicht nachvollziehen können, da er diesen in Vorfeld nicht äußert. Da in dieser Konfliktsituation keine Eskalation durch physische oder psychische Gewalt wahrzunehmen ist, ist ein Eingreifen der Erzieher nicht notwendig. Es ist nicht notwendig, da Kinder lernen sollen ihre Konflikte untereinander zu lösen um Konfliktlösungskompetenzen entwickeln zu können.

Denn besonders in solch schwierigen Situationen ohne das Eingreifen eines Erziehers können Kinder ihre Konfliktlösungskompetenzen am besten erweitern. Ein zu frühes Eingreifen könnte zur Folge haben, einen wichtigen Lernprozess zu unterbrechen. (Kapitel 3.3). Die Entfernung des positiven Verstärkers zeigt eine unmittelbare Wirkung. Nach einem Wutanfall verlässt B. den Raum, dadurch, dass ihm niemand folgt und seinem Verhalten Aufmerksamkeit schenkt, hat B. Zeit sich zu beruhigen. Nachdem er sich beruhigt, kommt B. zurück, beispielsweise an den Essenstisch und setzt das Essen fort ohne auf seine Ansprüche zu plädieren. Nach dem Essen wird mit B. das Gespräch gesucht, um mit ihm in ruhigem Zustand über die Situation zu sprechen. Die Hilfestellung die B. gegeben werden kann ist ihn in dem Gespräch mit Ich-Botschaften dazu anzuregen seine Wünsche offen zu äußern (Kapitel 3.2). Er soll dazu angeregt werden sich im Gespräch zu öffnen und zu erklären, was ihn zu diesen Handlungen bewegt. Es ist besonders wichtig B. zu erklären, dass es nur fair ist, wenn ein anderes Kind auch einmal als Erster die Essensschüssel nehmen darf, oder den ersten Platz in der Reihe einnimmt und das entsprechend nicht nur B. Vorrecht auf bestimmte Dinge hat. Gleichzeitig ist es wichtig ihm zu erklären, dass er durch höfliches Fragen im Vorfeld und die Äußerung seiner Bedürfnisse weniger häufig eine verneinende Antwort erhält als durch aggressives Verhalten, wie Anschreien oder Drohen. Bei diesem Gespräch öffnet sich B. und zeigt Verständnis dafür, dass sein Verhalten nicht fair gegenüber den anderen Kindern ist. Allerdings kritisiert er auch die Regel in der Ganztagsbetreuung, dass Kinder wie er, die früher von der Schule kommen mit dem Mittagessen über neunzig Minuten warten müssen bis alle Kinder von der Schule gekommen sind. Somit macht er auf die generelle Essenssituation aufmerksam. Denn gerade hier wird öfter beobachtet, dass die Kinder, die früher von der Schule kommen sehr aufgewühlt beim gemeinsamen Essen sind. Somit wird B. dazu motiviert den Lösungsvorschlag in die Hortgruppe 2d einzubringen, dass die erste Gruppe der Kinder nicht mehr warten muss, bis die zweite Gruppe von der Schule kommt, sondern dass in zwei Intervallen gegessen wird um die Essenssituation zu entspannen. Hierbei soll Partizipation ermöglicht werden in dem jeder, inklusive B., sich miteinbringen und die bisherigen Regeln verändern kann (Kapitel 3.1, Kapitel 3.4.1). Der Lösungsvorschlag hat in der Gruppe Anklang gefunden und wird umgesetzt. Der positive Zuspruch der Kinder für den Vorschlag von B., wirkt wie ein positiver Verstärker auf sein Verhalten, dieser kann ihn dazu bekräftigen seine Wünsche und Vorstellungen öfter in der Gruppe zu äußern (Kapitel 3.5). Die Teilung der Gruppe bei dem Essen soll nicht nur mehr Gelassenheit in die Essenssituation bringen, es kann auch helfen B. dazu anzuregen seine Ansprüche, deren Nichterfüllung zu Wutausbrüchen führen in einer kleineren Gruppe, im Vorfeld besser äußern zu können. Es lässt sich sagen, dass die Anregung von B. zur Änderung seiner Handlungsweise ein langer Prozess ist, der viel Geduld erfordert. Es lässt sich zwar eine leichte Abnahme seines aggressiven Verhaltens beobachten, durch die Entspannung der Essenssituation, durch die Teilung der Gruppe und durch die Entfernung des positiven Verstärkers, jedoch bedarf es noch einige Zeit und entsprechende Gespräche nach jedem Wutausbruch wie im Vorfeld beschrieben um ihn zu alternativen Handlungsmöglichkeiten anzuregen. Das angestrebte Ziel ist es, ihn zuerst in einer bestimmten Situation zu alternativen Handlungsmöglichkeiten anzuregen, damit er diese später auch auf andere Situationen in welchen er ebenfalls aggressiv reagiert überträgt.

6.Fazit
6.1 Zusammentragen der Ergebnisse

Aus den Erkenntnissen dieser Facharbeit geht hervor, dass Aggression zum Verhaltensrepertoire von Menschen gehört. Sie kann dabei viele wichtige Funktionen erfüllen wie das Vertreten von Interessen, das Regulieren von Gefühlen, den Schutz von Bedürfnissen oder um etwas zu bewältigen. Hinsichtlich der Fragestellung, was Aggression ist und welche Bedeutung sie für Kinder hat lässt sich zusammenfassend sagen, dass sie unumgänglich ist, wenn Kinder sich autonom mit der Umwelt auseinandersetzen. Diesbezüglich ist es eine utopische Wertvorstellung Kinder zu aggressionsfreien Menschen heranwachsen zu lassen. Dahingehend sollte der pädagogische Schwerpunkt darauf gelegt werden Kinder dazu zu befähigen angemessen mit ihren Aggressionen umzugehen, um destruktive Verhaltensweisen zu reduzieren. Besonders erhöhtes Aggressionspotential mit destruktiven Tendenzen sollte dabei nicht als einfach gegeben verstanden werden, denn hinsichtlich der zweiten Fragestellung nach dem Ursprung aggressiven Verhaltens lässt sich feststellen, dass Aggression als ein Verhalten gesehen werden muss, welches durch verschiedene äußere Einflüsse aus der Umwelt des Kindes ausgelöst wird. Diese Einflüsse, die zu aggressivem Verhalten führen, sind von Kind zu Kind unterschiedlich und lassen sich nicht verallgemeinern. Jedoch hilft bei der Suche nach dem Ursprung von destruktiven Aggressionen die systemische Betrachtung einzelner wichtiger Systeme, wie beispielsweise die Familie, Schule und der Freundeskreis. Entsprechend lässt sich sagen, dass aggressives Verhalten nicht aus reiner Willkür ausgeführt wird, sondern immer bestimmte Ursprünge hat und bestimmte Motivationen verfolgt. Ursprünge und Motivationen des aggressiven Verhaltens können vielfältig sein, das Verhalten kann emotional oder instrumentell motiviert sein. Dazu gehören unter anderem die Erlangungs-, Vergeltungs- und Abwehr- Aggression. Das Verhalten kann jedoch auch, nach der sozial kognitiven Theorie, aus dem sozialen Umfeld erlernt sein und sich laut der Operanten Konditionierung durch positive Verstärker häufen.

Des Weiteren können auch situative Auslöser zu aggressiven Verhalten führen, so wie es aus der Frustrations- Aggressions Theorie hervorgeht. Diese Theorien dienen dabei nicht nur zur Erklärung der Entstehung von Aggression in anderen Systemen, sondern zeigen auch welchen Anteil Erzieher selbst zu dem aggressiven Verhalten beitragen können. Hinsichtlich der Kernfrage, welche Präventions- und Interventionsmöglichkeiten pädagogische Fachkräfte haben, Kinder angemessen unterstützen und begleiten zu können, müssen sich die Fachkräfte zu aller erst von dem defizitären Blick verabschieden und gleichzeitig den Ursprung und die Motivation des Verhaltens verstehen. Das Verständnis für die Motivation und den Ursprung aggressiven Verhaltens eines Kindes gewährleistet einen positiven Blick auf das Kind und ermöglicht eine wertschätzende und respektvolle Beziehung zu diesem. Denn nur mit einer positiven Grundhaltung können Pädagogen und Kinder konstruktive Lösungsmöglichkeiten finden, um destruktive Aggressionen zu reduzieren. Zu beachten ist dabei, dass pädagogische Fachkräfte Kinder nicht nach ihren Vorstellungen formen und wandeln können. Somit muss jegliche Intervention und Prävention darauf ausgelegt sein, das Kind zu neuen Handlungsmöglichkeiten anzuregen. Denn jede Verhaltensveränderung kann nur von dem Kind ausgehen und kann nicht erzwungen werden. Ein wichtiger Bestandteil für den Umgang mit aggressiven Verhalten ist eine verständnisvolle Kommunikation in Form von Ich-Botschaften und aktivem Zuhören. Besonders bei dieser Gesprächsform haben Kinder die Möglichkeit ihren Gefühlen und Bedürfnissen besonderen Ausdruck zu verleihen. Hieraus können sich neue Lösungsmöglichkeiten für Konflikte ergeben und sich neue Handlungsmöglichkeiten für Kinder eröffnen. Im Sinne des Konfliktmanagements sollten Erzieher den Kindern die Möglichkeit einräumen ihre Konflikte selbst zu lösen, selbst wenn diese in gewisser Weise aggressiv sind. Besonders hier kann ein zu frühes eingreifen wichtige Lernprozesse der Kinder unterbrechen. Demnach sollten Pädagogen sich erst als Mediator anbieten, wenn die Situation zu eskalieren droht und Gewalt oder ein Kräfteungleichgewicht der Konfliktparteien entsteht. Eine wichtige Grundlage für die pädagogische Arbeit ist die partizipative Einbindung von Kindern, denn gerade durch eine demokratische Teilhabe können Kinder ihre sozialen Kompetenzen ausbauen und erweitern. Besonders das gemeinsame Aushandeln von Regeln, Grenzen und Konsequenzen bietet allen Beteiligten der Gruppe ein erweitertes Verständnis dieser, wodurch ein strukturierter Tagesablauf ermöglicht wird. Dies gewährleistet einen sicheren Handlungsrahmen sowohl für Kinder als auch für Pädagogen. Auch wenn in akuten Situationen, das Intervenieren mit Grenzsetzungen und Konsequenzen Kinder zu alternativen Handlungen anregen können, sollte sich nicht nur darauf konzentriert werden. Es kann ansonsten zu einer Rollenzuschreibung seitens des Kindes führen, da nur auf das unerwünschte Verhalten reagiert wird.

Somit ist es wichtig ressourcenorientiert zu arbeiten und Kinder positiv in ihren Stärken zu bekräftigen, so kann es gelingen Kindern aufzuzeigen, dass es andere

Handlungsmöglichkeiten gibt als ihre destruktiven Verhaltensweisen. Genau hier setzt der wichtigste Teil der Prävention an, da sich mehr auf das positive Verhalten des Kindes konzentriert und es in seinen Fähigkeiten bestärkt wird. Dies kann bewirken, dass die Kompetenzen des Kindes öfter zum Vorschein kommen und destruktive Aggressionen sich mindern. Es sind somit einige Handlungsmöglichkeiten gegeben, Kinder mit aggressiven Verhalten angemessen auf respektvolle und wertschätzende Weise unterstützen und begleiten zu können.

6.2 Reflexion

Durch das Wissen über den Kontext des aggressiven Verhaltens und wie mit akuten Situationen angemessen umzugehen ist, kann Überforderungs- und Ohnmachtsgefühlen bei Pädagogen vorgebeugt werden. Dies gewährleistet einen professionelleren Umgang mit den Kindern. Dennoch muss auch erwähnt werden, dass es nicht immer möglich ist das Verhalten eines Kindes tiefgreifend zu ergründen, wie Fall A und B. zeigen. Somit wird eine Grenze erkannt an die Erzieher stoßen, da es nicht in jedem Fall möglich ist auf alle Informationen bezüglich des Kindes zuzugreifen. Dennoch sollten Pädagogen stets danach streben, das Verhalten des Kindes zu verstehen, da sie es durch diese Informationen am besten begleiten können. Die genannten Handlungsmöglichkeiten sind dabei nicht als Allgemeinrezept zu verstehen, da aggressives Verhalten weiterhin eine Herausforderung für den pädagogischen Alltag bleibt und viel zu komplex ist als das alle Facetten in dieser Facharbeit beleuchtet werden können. Dennoch können die genannten Präventions- und Interventionsmöglichkeiten in vielen Situationen ein hilfreiches Handwerkzeug für Pädagogen darstellen, um Kinder zu alternativen Handlungsmöglichkeiten anzuregen. Wichtig dabei ist die eigene pädagogische Grundhaltung zur Aggression. Denn solange Aggression als ein Problem wahrgenommen wird, werden auch Kinder als ein Problem wahrgenommen. Mit dieser Einstellung können Pädagogen zu Schuldzuschreibungen tendieren oder zu unverhältnismäßigen Konsequenzen neigen. Das Resultat das sich daraus ergibt, ist dass die Kinder nicht angemessen begleitet werden und mit weiteren destruktiven Aggressionen interagieren. Dahingehend sollten Pädagogen aggressivem Verhalten keine böswillige Absicht unterstellen, sondern eher als eine Bewältigungsstrategie sehen, welche unter Umständen auf Missstände aufmerksam macht. Für die zukünftige Pädagogische Praxis ist es somit unumgänglich einen positiven Blick auf das Kind zu bewahren, um angemessene Präventions- und Interventionsmöglichkeiten bei aggressiven Verhalten zu gewährleisten.

7.Literaturverzeichnis

Cierpka, Manfred: Faustlos. Wie Kinder Konflikte gewaltfrei lösen lernen, Freiburg im Breisgau 2015, 2. Auflage

Dorlöchter, Heinz; Stiller Edwin: Phoenix. Der etwas andere Weg der Pädagogik, Paderborn 2005

Focali, Ergin: Aggression und Gewalt begegnen. Konfliktbewältigung in der Kita, Köln 2011

Fröhlich-Gildhoff, Klaus: Gewalt begegnen. Konzepte und Projekte zur Prävention und Intervention, Stuttgart 2006

Gollor, Erika: Hier fühle ich mich wohl. Systemische Pädagogik in der Grundschule, Heidelberg 2015

Gratzer, Werner: Aggressivität in der Schule. Vorbeugen – Eingreifen – Grenzen setzen, Braunschweig 2014

Haug-Schnabel, Gabriel: Aggression bei Kindern. Praxiskompetenz für Erzieher, Freiburg im Breisgau 2011, 2. Auflage

Juul, Jesper: Aggression. Warum sie für uns und unsere Kinder notwendig ist, Frankfurt am Main 2016, 4. Auflage

Melzer; Wolfgang, Schubarth, Wilfried; Ehninger Frank: Gewaltprävention und Schulentwicklung. Analyse und Handlungskonzepte, in: Erziehen und unterrichten in der Schule, Bad Heilbrunn 2004, Hrsg: Apel, Hans Jürgen; Grunder, Hans-Ulrich; Keck, Rudolf W.; Meyer-Willner Gerhard; Sandfuchs Uwe,

Mosell, Robert: Systemische Pädagogik. Ein Leitfaden für Praktiker, Weinheim 2016

Nolting, Hans-Peter: Lernfall Aggression. Wie sie entsteht – wie sie zu mindern ist, eine Einführung, Reinbek bei Hamburg 2014, 6. Auflage

Nolting, Hans-Peter: Psychologie der Aggression. Warum Ursachen und Auswege so vielfältig sind, Reinbek bei Hamburg 2015

Schäfer, Christa D.:Die partizipative Schule. Mit innovativen Konzepten zur Demokratischen Schulkultur, Köln 2015

Internetquellen

http://www.duden.de Dudenredaktion „Gewalt" auf Duden online (o.J.), unter: http://www.duden.de/node/646832/revisions/1372715/view (letzter Zugriff 16.03.2017)

https://www.schulische-gewaltpraevention.de/

https://www.schulische-gewaltpraevention.de Gugel, Günther: Demokratie gegen Gewalt, in: Gewaltprävention in der Sekundarstufe (o.J.), unter: https://www.schulische-gewaltpraevention.de/gewaltpraevention%20sekundarstufe/index.php?section=3.5%20Demokratie%20gegen%20Gewalt&x=werteerziehung&k=3&caption=&o=12(letzter Zugriff 16.03.2017)

https://www.gew-berlin.de Palmowski, Winfried: Verhaltensstörung aus systemischer Sicht, in: Die GEW Berlin (06. 2003), unter: https://www.gew-berlin.de/2391_2669.php (letzter Zugriff 16.03.2017)

BEI GRIN MACHT SICH IHR WISSEN BEZAHLT

- Wir veröffentlichen Ihre Hausarbeit,
  Bachelor- und Masterarbeit

- Ihr eigenes eBook und Buch -
  weltweit in allen wichtigen Shops

- Verdienen Sie an jedem Verkauf

Jetzt bei www.GRIN.com hochladen
und kostenlos publizieren